Bärenstarke Geschichten für kleine Leute

Inhaltsverzeichnis

PESTALOZZI-VERLAG, D 8520 ERLANGEN

Des Bürgermeisters Reise.

Ein Würfelspiel

Die Spielregeln:

Start: Du kannst sofort abfahren.

2 Speisewagen, du bekommst ein Stück Schokolade.

3 Stelle die Weiche, setze einmal aus.

7 Gib Dampf, fahre auf Punkt 10.

8 Hast du eine ungerade Zahl gewürfelt, fahre die längere Strecke.

11 Keine Einfahrt! Warte auf den nächsten Spieler.

12 Wie spät ist es? Wenn du die Uhr richtig lesen kannst, springe auf Punkt 14. Kannst du das noch nicht, wirst du es noch lernen. Geh weiter.

15 Im Boot ist es so angenehm. Bleib sitzen, bis du 6 Punkte gewürfelt hast.

16 Gekentert! Kannst du schwimmen, hüpfe auf Punkt 22. Bist du Nichtschwimmer, so rette dich auf Punkt 18.

20 Schiebe! Der nächste Spieler hilft dir und schenkt dir die von ihm gewürfelten Punkte.

24 Bremse! Gehe um die gewürfelte Punktezahl zurück.

26 Setze einmal aus und stärke dich.

27 Die Überfahrt bezahlst du mit den von dir gewürfelten Punkten. Gib sie dem letzten Spieler.

28 Du bist nun lang auf hoher See, setze einmal aus.

Ziel!

Der Sieger ist nun Bürgermeister von Bärendorf.

Nach einer langen Reise zu Land

und zu Wasser

kommt der Bürgermeister von Bärendorf im Bärenland an. Die Zollwache kontrolliert den Reisepaß und das Gepäck.

Es ist alles in Ordnung. Der Bürgermeister darf nach Bärenland einreisen.

Zu Ehren des Bürgermeisters wird in Bärendorf ein großes Fest gefeiert.

In ihrem gemütlichen Haus sitzen der Bürger-meister und sein allerbester Freund Petz. Sie planen den Bau einer Schmalspurbahn durch das ganze Bärenland. Auf den Berg namens Schönohr wollen sie eine Zahnradbahn bauen. Der Bürgermeister zeichnet eine genaue Karte vom ganzen Bärenland. Alle Berge, alle Flüsse und alle Orte sind darauf zu sehen. Dann wird mit Rotstift die geplante Schmalspurbahnlinie eingetragen. Für die Zahnradbahnlinie verwendet der Bürgermeister den Blaustift. Petz gibt gute Ratschläge.

Bärenland ganz genau

Maßstab

1 : 3000

Die Bärendorfer sind begeistert von der Idee ihres Bürgermeisters. Mit Bärenkräften gehen sie an die Arbeit. Die geschicktesten Bären bauen zwei Dampflokomotiven. Eine für die Schmalspurbahn und eine für die Zahnradbahn.

Einige Bären verlegen am Berge Schönohr die Geleise für die Zahnradbahn. Plötzlich erhebt sich ein fürchterlicher Schneesturm. Zottel, Taps und Dickfell, die am Gipfel arbeiten, finden im Schneetreiben den Weg ins Tal nicht mehr. Die armen Bären frieren und sind müde. Sie graben sich eine Höhle in den tiefen Schnee und haben es unter der Schneedecke nicht mehr so bitterkalt.

Drei Tage stürmt und schneit es draußen. Die Bären hocken dicht beisammen und erzählen sich Geschichten vom Honig, denn sie sind hungrig.

Der Bürgermeister und seine Freunde sind in großer Sorge um die eingeschneiten Bären. Nachdem sich der Schneesturm gelegt hat, stapfen alle Bärendorfer den Berg Schönohr ab. Sie suchen die eingeschneiten Bären überall. Sie schnuppern und lauschen. Sie kratzen tiefe Löcher in den Schnee und rufen hinein, aber sie bekommen keine Antwort. Ganz oben, knapp unter dem Gipfel, bricht der schwere Rettungsbär "Patsch" in den Schnee ein. Mit seinem Fuß steht er auf Zottels Kopf.

"Gefunden! Gefunden!" schreit Patsch und hilft Zottel, Taps und Dickfell aus der Höhle.

Als nun die drei halb erfrorenen Bären die liebe Sonne wieder sehen, danken sie Gott für ihre Rettung. Sie danken auch der gesamten Rettungsmannschaft und dem schweren Patsch, der sie gefunden hat.

Die geretteten Bären sind so schwach, daß sie nicht zu Fuß gehen können. Auf Tragbahren trägt die starke Rettungsmannschaft die Erschöpften ins Tal.

Im Tal wartet schon das Rettungsauto. Während der Fahrt gibt Herr Doktor Freundlichbrumm den drei Erschöpften eine stärkende Spritze.

Im Krankenhaus Bärendorf

Schwester Seidenpfote bringt die Bären zu Bett. Dann schreibt sie auf, was sie am liebsten zu essen hätten, und bringt ihnen das Gewünschte.

Nachdem sich Zottel, Taps und Dickfell gestärkt haben, beginnen die Untersuchungen. Die Ärzte stellen fest, daß die Bären Husten und Schnupfen haben.

Der Schnee am Berge Schönohr ist wieder geschmolzen. Mit aller Kraft setzen die Bärendorfer ihre Arbeit fort.

Endlich ist das gesamte Eisenbahnnetz von Bärenland fertig. Der Bürgermeister tauft die beiden Lokomotiven mit Honigwein.

Die Zahnradbahnlokomotive bekommt den Namen SCHNAUFI.

Die Schmalspurbahn-lokomotive wird PFAUCHI getauft.

Probefahrten werden unternommen. Die Bärendorfer haben gut gearbeitet. Es ist ihnen kein Fehler unterlaufen.

Zur feierlichen Eröffnung der Bahnen darf jeder Bürger des Bärenlandes eine Woche lang fahren, wohin er will – und das ganz ohne zu bezahlen!

SCHNAUFI
PFAUCH
5
STRECKEN-
GÄNGER

Die Bewohner des
Bärenlandes sind traurig.

Sie sind traurig, weil der Herr Bürgermeister zu seinen Eltern fahren muß, um rechnen, lesen und schreiben zu lernen. Am traurigsten ist des Bürgermeisters allerbester Freund Petz. Er weint bitterlich. Er weint so lange, bis er eine Idee hat. Plötzlich springt er voll Freude auf und ruft: "Brumm! Ich fahre mit dir!" Der Bürgermeister schreit: "Ja!" und fliegt seinem Petz um den Hals. Vor Freude beginnen die beiden zu boxen und zu raufen. Sie tollen umher, bis sie nicht mehr können.

Zum Abschiedsschmaus sind alle Bärendorfer Kinder eingeladen. Es gibt Honigwasser und Rosinenkuchen. Was vom Schmaus übrig bleibt, nehmen Petz und der Bürgermeister auf ihre lange Reise mit.

Die Wichtelmännlein

Wenn die ersten Sonnenstrahlen
durch den dichten Graswald fallen,
wecken sie die Wichtlein auf.
Frühes Aufstehn ist von Nutzen –
Waschen, Kämmen, Zähneputzen –
so beginnt der Tageslauf.

Haben alle brav gegessen,
wird nicht lang herumgesessen.
Jetzt ist keine Zeit zum Ruhn!
Winterholz sieht man sie schneiden,
Beeren sammeln sie mit Freuden,
jeder hat sehr viel zu tun.

Einer von den kleinen Wichten
muß die Hausarbeit verrichten –
seht nur, wie er kocht und bäckt!
Kommen alle abends wieder –
setzen sich zum Essen nieder –,
hofft er, daß es ihnen schmeckt.

Und aus Gold und Edelsteinen
formen diese zwei hier einen
wunderschönen Schmuck geschwind,
den sie jenen Menschen geben,
die viel Gutes tun im Leben
und stets brav und folgsam sind.

Sind die Blumen auf der Wiese
durstig, ja, so werden diese
von den Wichtlein gut bestellt.
Daß die Blüten fleißig sprießen,
heißt es hacken, düngen, gießen,
bis genügend Regen fällt.

Hier erzählt ein Wiesenmäuschen,
unten bei dem Bauernhäuschen
sei die gute Mutter krank.
Husch – da kommen sie gleich alle,
helfen gern in diesem Falle,
putzen jedes Eckchen blank.

Dieser Wicht sorgt für die Kranken,
die ihm freudig dafür danken.
Zu bezahlen braucht man nicht.
Salben, Säftlein, Kräuter, Pillen
kennt er, die die Schmerzen stillen.
Ja, er ist ein kluger Wicht!

Wißt ihr, alle bösen Sachen,
die die schlimmen Kinder machen,
haben diese hier notiert.
Aber auch, wenn Kinder schreiben,
was sie wünschen, was sie treiben,
wird's von ihnen gern studiert.

Wenn der Koch am Abend läutet,
wissen alle, das bedeutet:
Nun ist Schluß mit Müh und Plag!
Wohlverdient ist diese Pause,
fröhlich eilen sie nach Hause,
denn es war ein langer Tag.

Jeder lobt das gute Essen,
denn das soll man nicht vergessen –
es erfreut den lieben Koch.
Dann erzählen sie von allem,
was am Tage vorgefallen –
Neues gibt es noch und noch.

Unsre Wichtel musizieren,
und die flotten Lieder führen
schnell zu dem Gemütlichsein.
Die Musik stimmt frisch und munter,
und es tanzen auch mitunter
gutgelaunte Wichtelein.

Spät ist es. Beim Sternenschimmer
liegen sie in ihrem Zimmer –
jeder wünscht dann „gute Nacht".
Um den Schlaf nicht zu versäumen,
schlummern sie schnell ein und träumen –
nur der Mond gibt auf sie acht.

Miezemaus Geburtstags-feier

Nah am Wald in Katzen-Au
wohnt die kleine Miezemau.
Heute ist sie früh erwacht,
hat sich fein zurechtgemacht,
weil sie ja Geburtstag hat.
„Liebes Kind, wir gehn zur Stadt“,
sagt der Vater, „du bleibst hier.
Für den Nachmittag um vier
laden wir dir Mausilein,
Mohrchen, Putz und Peggi ein.“
Beide Eltern gehn hinaus.
Mieze denkt: „Allein zu Haus
hab' ich sicher Langeweile.“
Hopp und hopp, mit Windeseile
springt sie auf die Gartenmauer,
legt sich leise auf die Lauer,
ob sie vielleicht nebenan
Nachbars Schnurr entdecken kann.

Ja, da sieht sie ihn schon sitzen
und in hohem Bogen spritzen
mit dem langen Gartenschlauch
über Wiese, Weg und Strauch.
Plötzlich – zisch! – hält er genau
seinen Strahl auf Miezemau,
die sich schnell zusammenduckt
und verschmitzt herüberguckt.

„Bäh!" ruft sie, „ich bin nicht naß.
Das ist auch ein schlechter Spaß.
Weißt du, Wasser mag ich nicht!
Spritz mir doch nicht ins Gesicht
und hör auf, ich komm' zu dir."
„Fein", sagt Schnurr, „dann spielen wir
Fang-den-Ball und Blindekuh."
Brav dreht er das Wasser zu.
Mieze springt vom Mauerrand
schnell hinunter in den Sand.

Dann sagt Schnurr: „Lauf mit hinüber!
In dem Häuschen gegenüber
wohnt die Munni, meine Base,
mit dem Fleckchen auf der Nase.
Schau, dort schreibt sie, kritze-kratze,
einen Brief an Tante Katze."
Blau bekleckst ist das Papier,
Tisch und Boden voll Geschmier,
auch das Kleidchen, welch ein Graus!
Munni lacht: „Das macht nichts aus.
Seht, mein Brief ist wunderschön!
Wollen wir spazierengehn?"

Und die Kätzchen laufen munter
einen kleinen Hang hinunter.
Drüben bei der alten Weide
liegt ein Weiher – und voll Freude
knien sie am Ufer nieder,
spiegeln sich im Wasser wider,
schauen nach den Fröschlein aus
und nach Pips, der kleinen Maus.

Munni will das Mäuschen fangen,
doch sie kann es nicht erlangen,
beugt sich viel zu weit hinüber,
und schon purzelt sie kopfüber
in den Ententeich, den kalten.
Mieze möchte sie noch halten –
platsch! – da fällt sie selbst hinein.
Schnurr will ihr behilflich sein,
doch er rutscht, und – weh o weh! –
plumpst auch er noch in den See.
Treff, der Pudel, hört die Kleinen
jetzt zu dritt um Hilfe weinen.
Und er bellt: „Ich zieh' euch gleich
wie die Fischlein aus dem Teich."

Schleunigst packt er sie am Kragen,
um ans Ufer sie zu tragen.
Traurig sind sie anzusehen,
als sie wieder draußen stehen.
Und sie danken tief gerührt,
wie's dem guten Hund gebührt.
Als die Kätzchen aber schmeicheln:
„Spiel mit uns und laß dich streicheln",
knurrt er freundlich und macht kehrt:
„Darauf leg' ich keinen Wert."

Naß sind Höschen, Kleidchen, Weste.
„Kommt", sagt Schnurr, „es ist das beste,
wenn wir einen Wettlauf machen,
denn dann trocknen unsre Sachen."
Und sie rennen wie der Wind,
bis sie nah am Flugplatz sind.
Onkel Jim will eben starten.
„Lieber Onkel, du mußt warten!
Nimm mich mit!" ruft Miezemau.
„Ich hab' doch Geburtstag, schau!"
Aber ängstlich sieht sie dann
sich das große Flugzeug an.
Und sie meint: „Laß Schnurr mitfliegen!
Ich vergönn' ihm das Vergnügen."

„Schnurr, du wirst nicht ängstlich sein",
sagt der Onkel, „steig nur ein."
Ohne Treibstoff und Motor
steigt das Flugzeug rasch empor.
Tief im Tal liegt Katzen-Au.
Und zwei Pünktchen, gelb und blau,
krabbeln auf den Berg und winken.
In der Mittagssonne blinken
Silberbächlein, Flüsse, Seen.
Hei, wie ist das Fliegen schön!

Langsam schwebt
das Flugzeug nieder,
Onkel Jimmy landet wieder.
Schnurr steigt ab, läuft schnell zurück
und erzählt, ganz stolz vor Glück:
„Fliegen, glaubt, ist wunderbar!"
Mieze denkt: „Wie dumm ich war!"
Während sie noch eifrig plappern,
hören sie jetzt Räder rattern.
Vetter Joch, der Bauersmann,
kommt mit seinem Traktor an.
„He", ruft er, „wollt ihr nicht essen?
Habt ihr denn die Zeit vergessen?
Mittag ist schon längst vorbei.
Eingestiegen, marsch, ihr drei!"
Und mit fröhlichem Miau
fahren sie nach Katzen-Au.

Sieh nur, zum Geburtstagsfeste
kommen schon die ersten Gäste,
drücken Pfötchen, gratulieren,
bringen was zum Schnabulieren.
Und das Kind bedankt sich schön.
Dann darf es zum Tischchen gehn,
wo die Eltern alle Gaben
liebevoll gerichtet haben.
Auto, Pudel und ein Kätzchen,
eine Puppe für das Schätzchen –
und fünf rote Kerzlein flammen.
Ja, es stimmt! Zähl doch zusammen!

Gleich deckt Mutter Leisegang
nebenan für den Empfang.
Mohrle, Putz und Peggilein,
Schnurr und Mausi treffen ein.
Vater Mäusefang sagt: „Jetzt
bitte ich, daß ihr euch setzt!"
Wie sie gleich die Stühlchen rücken!
Und sie sehen mit Entzücken
eine Torte, hübsch verziert.
„Nehmt euch, Kinder, und probiert!"
ruft die Mutter und schenkt ein.
Bautz, da hat schon Peggilein
seinen Becher umgestoßen!
Voll Kakao sind seine Hosen.
Schnurr, der zuviel Kuchen nimmt,
jammert, daß sein Bäuchlein grimmt.
Aber Putz kann Späßchen machen,
da muß alles wieder lachen.

Nach dem Essen saust im Trab
die Gesellschaft fröhlich ab.
Schnurr fährt auf dem neuen Rädchen.
Miezemau, das Katzenmädchen,
rollert neben ihm daher:
„Platz gemacht, wir bitten sehr!"
Wie ein Fußballmeister spielt
Mohrle mit dem Ball und zielt
ganz genau ins andre Tor,
denn kein Tormann steht davor.

Als die Kleinen, müd' vom Tollen,
nicht mehr länger spielen wollen,
waschen sie sich schnell im Bad.
Denn im Fernsehapparat
wird ein Pudel vorgeführt.
Seht, wie er hereinspaziert!
Im Galopp, im Trab, im Schritt
trägt er Bimm, das Kätzchen, mit,
bis sich Bumm mit Schwung zuletzt
auch noch auf das Reittier setzt.
Lachen, Jauchzen und Geschrei!
Dann verbeugen sich die drei:
„Lebt nun wohl, es hat euch allen
hoffentlich bei uns gefallen."

Nach der hübschen Fernsehstunde
ist die ganze Katzenrunde
voller Tatendrang aufs neue.
Und sie stürmt hinaus ins Freie.
Jedes Kätzchen will probieren,
gleich im Chor zu musizieren.
Zum Geburtstag „Rrrrau-miau"
tönt es für die Miezemau.
„Rrrrau-miau" hinauf, hinunter.
Putz ist Dirigent, und munter
schlägt er auf zwei Deckel ein.
Mohrle will Trompeter sein,
kräftig bläst er in den Trichter.
Droben schaun die Himmelslichter
hell und freundlich in die Nacht.
Und der Vollmond lacht und lacht,
weil der Hund ein Liedchen singt,
daß es schauerlich erklingt.

Kater Schnurr denkt unterdessen:
„Lieber wär' mir was zum Essen."
Und er schleicht auf leisen Sohlen
an den Tisch, nimmt sich verstohlen
hier und dort ein Kuchenstückchen,
trinkt Kakao die letzten Schlückchen,
mampft und lacht: „Das ist gesund!"
Und sein Bauch wird kugelrund.
Draußen auf den Treppenstufen
hört man jetzt den Vater rufen:
„Euer Lied war ein Genuß.
Aber jetzt macht bitte Schluß!"
Der Geburtstag geht zu Ende,
und man schüttelt sich die Hände,
schwätzt mit jedem noch ein bißchen,
gibt sich dann ein Abschiedsküßchen.
Und man winkt: „Es war so schön!
Vielen Dank! Auf Wiedersehn!"

„Liebes Kind, der Tag war lang",
mahnt jetzt Mutter Leisegang,
„du mußt eilig schlafen gehen.
Ja, ich werde nach dir sehen.
Sag dem Vater gute Nacht,
Wasser hab' ich dir gebracht."
Bald steht Miezemau in Höschen,
putzt die Zähne, wischt das Näschen,
schlüpft ins Bettchen, und im Nu
fallen ihr die Äuglein zu.
In den Bäumen rauscht der Wind:
„Schlafe, kleines Katzenkind!"

Jumbolino, das Elefantenbaby

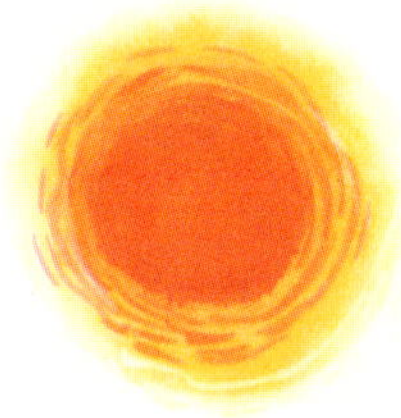

Ein kleiner Elefant stand einst ganz einsam und verlassen mitten im Urwald in dem fernen, großen Afrika.
Seine Elefantenmutti lag auf einmal am Boden und rührte sich nicht mehr. Jäger hatten sie erschossen. Da war er davongelaufen.
Jhr könnt euch denken, daß er furchtbar ängstlich war, so ganz allein und ohne seine Mutti.
Von allen Seiten betrachteten ihn andere Tiere heimlich und hatten vor ihm noch viel mehr Angst, weil er ja viel größer war als sie.

Da sah er plötzlich fünf kleine Negerlein, die ihn voller Überraschung und Furcht anstarrten. Sie wären am liebsten alle fortgelaufen. Aber dann nahm das kleinste von ihnen seinen ganzen Mut zusammen, ging auf ihn zu, zupfte ihn vorsichtig an seinem Ohr und sagte: „Du siehst so traurig aus, komm mit uns, wir wollen zusammen spielen und fröhlich sein!"

Und ob er wollte! Er hob ein Negerlein nach dem anderen mit dem Rüssel auf seinen Rücken, und so zogen sie alle sechs zur Hütte der Negerlein: der Tim, der Tam, der Tom, der Tem und der Tum-so hießen nämlich die fünf Negerlein-mit dem Elefanten=baby, das sie Jumbolino nannten.

Die kleine Hütte stand am
Ufer eines Flusses.

Dort verbrachten sie wunderschöne Tage.
Sie spielten, jagten und streiften weit umher, und immer war Jumbolino dabei, der nun gar nicht mehr traurig war.
Bis eines Tages, als sie alle gerade im Fluß badeten, das große Unglück geschah.

Jumbolino wurde von weißen Männern gefangen. Sie wollten ihn weit fort in einen Zoo bringen. Jhr wißt ja, das ist ein großer Garten mit vielen Gehegen und Käfigen, in welchen man seltene und wilde Tiere zeigt.
Nun–die Negerlein waren damit ganz und gar nicht einverstanden. Zornig beschlossen sie, dem Wagen, auf den Jumbolino gebunden war, zu folgen und ihn zu befreien.

So kamen sie an einen großen Fluß mit nur einem Ufer: das war das Meer! Alle riefen: „O'koh!" was soviel hieß wie „wir sind sehr erstaunt!"

Draußen auf dem Wasser lag ein großes Ungetüm, es war ein Segelschiff, zu dem Jumbolino gerade in einem Boot gebracht wurde.

Jn der Nacht schwammen die Negerlein hinüber, kletterten an Bord und ver=steckten sich auf dem Schiff.

Als sie einige Tage mit dem Schiff gefahren waren, kam ein gewaltiger Sturm auf. Das Schiff ging dabei unter.
Jumbolino und die fünf Negerlein konnten sich mit drei Kisten und einem Faß auf ein Floß retten. Jumbolino hielt ein Stück Segel fest. So wurden sie an eine kleine Jnsel getrieben.

Wie glücklich waren da alle! Der Sturm hatte sich gelegt, das Meer war wieder ruhig. Zunächst trugen sie alles, was sie gerettet hatten, an Land. Dann zogen sie auf eine Entdeckungsreise aus. Sie merkten bald, daß sie keine schönere, neue Heimat hätten finden können. Wasser und Früchte gab es genug und vor allem, es waren keine wilden Tiere da und keine bösen Menschen.

Zu allererst begannen sie, sich eine neue Hütte zu bauen, um Schutz vor Sturm und Regen zu haben. Es war eine Freude, wie schnell das vorwärts ging, da Jumbolino ihnen kräftig half. Dann legten sie gleich ein paar kleine Felder für Getreide und Gemüse an, damit sie auch etwas Vernünftiges zu essen hätten. Als sie mit all dem fertig waren, merkten sie, daß sie ganz schrecklich müde waren und schliefen sehr, sehr lange.

Am nächsten Tag feierten sie dann ihre glückliche Rettung mit einem großen Fest. Es gab süßen Palmwein zu trinken, und sie tanzten vergnügt um das Freuden=feuer nach dem Takt der Trommel. Jumbolino trompetete voll Freude dazu.
Von allen Seiten kamen die Vögel herbei und sangen mit, so gut jeder es konnte. Müde und glücklich schliefen sie am Abend ein. Sie hatten ihren Jumbolino wieder und ein herrliches Zuhause gefunden.

Damit wäre die Geschichte von Jumbolino, dem Elefantenbaby, und den fünf Negerlein eigent=lich zu Ende. Vielleicht aber leben und spielen sie alle heute noch auf ihrer winzigen Jnsel, dann könnt ihr noch einmal von ihnen hören.

Familie Teddybär

Das ist Familie Teddybär: Vater, Mutter und die Kinder Mutzli, Butzli, Reginli und Sabinli.

„Aufstehn, Kinder, es ist höchste Zeit!“ ruft Mama Teddybär.
„Schon scheint die Sonne zum Fenster herein!“
„Ich bin schon auf!“ schreit Mutzli. „Ich bin kein Faulpelz!“
„Und wir auch nicht!“ rufen fröhlich die anderen und springen hurtig aus dem Bett.

Es schlägt sieben Uhr.

Die vier kleinen Bärlein schlüpfen schnell in ihre Kleider, dann setzen sie sich an den Frühstückstisch.

„Trinkt Milch, soviel ihr wollt", sagt Mama Teddybär. „Davon werdet ihr groß und stark. Und seid fleißig und brav in der Schule."

„Ich gehe zwar nicht in die Schule, aber laßt mir bitte auch einen Tropfen übrig", brummt Papa Teddybär. „Mir auch", schnurrt das Kätzchen Mietze, „ich habe den größten Durst." Alle trinken und schmatzen, bis kein Tropfen mehr da ist. — Jetzt aber fort zur Schule!

Es schlägt acht Uhr.

Mutzli springt voraus, Butzli läuft hinter Mutzli, Reginli hinter Butzli und Sabinli hinter Reginli her.
„Wartet auf mich!" ruft Sabinli. „Ich kann nicht schneller laufen!"
„Hört, schon bimmelt die Schulglocke, schnell, schnell!" schreit Mutzli. „Der Lehrer wird böse, wenn wir zu spät kommen!"

Es schlägt neun Uhr.

Die Schule fängt an. Der Lehrer setzt sich. Auf dem Tisch steht eine Kugel. „Das ist ein Globus", spricht der Lehrer, „darauf seht ihr alle Länder. Sabinli, zeig mir gleich, wo du wohnst!"
Sabinli antwortet: „Ich wohne zu Hause, aber unser Haus ist nicht auf dem Globus."
„Dummes Ding!" lacht der Lehrer, „setz dich in die hinterste Bank!"
Armes Sabinli!

Es schlägt zehn Uhr.

Die Schule ist aus. Die Schülerlein rennen nach Hause.
„Schnell den Tisch gedeckt, wir wollen essen! Zwei Omeletten für mich!" ruft Mutzli.
„Für mich drei!" ruft Butzli. „Und für mich fünf!" ruft Reginli.
„Nein, ich esse alle allein", ruft Sabinli, „ich habe den größten Hunger!"
„Jedes bekommt zwei", bestimmt die Bärenmama.
Und alle sind glücklich und zufrieden.

Es schlägt ein Uhr.

In der Küche. Butzli, Sabinli und Reginli helfen fleißig. Sabinli trocknet die Teller ab. Paß auf, Sabinli, sonst gibt es Scherben! Butzli räumt die Messer und Gabeln weg. Und was tust du, Mutzli?
„Seid zufrieden, wenn ich euch nicht im Weg stehe!" lacht Mutzli zum Fenster herein.
Bald ist die Küche blitzblank.

„Und jetzt dürfen wir spielen gehen, gelt Mama?"
„Denkt erst an eure Tierlein", antwortet Mama, „auch sie wollen nun ihr Mittagessen haben. Nachher könnt ihr spielen gehen."
„Schnell, macht schnell!" kreischt Mutzli. „Dann können wir um so länger spielen!"

Es schlägt zwei Uhr.

Seht, nun füttern Reginli und Sabinli ihre herzigen kleinen Küken, die bunte Ente, die Schnattergans und den stolzen Hahn. Wie lustig, wie sie alle rennen und picken! Aber auch die Ziege und das Kaninchen freuen sich auf ihr Essen. Mutzli und Butzli pflücken für die beiden saftige Blätter vom Baum.
Und zuletzt haben alle genug gegessen, sind satt und zufrieden.
„Oh, und jetzt dürfen wir spielen!" jubelt Reginli. „Wir kochen uns einen feinen Tee!"
„Wir Buben aber wollen lieber schaukeln!" ruft Mutzli.

Es schlägt drei Uhr.

Da sitzen sie, die beiden Teddybären-Mädchen, an ihrem Teetischlein und lachen und plaudern. Über ihren Köpfen fliegen ihre beiden Brüderchen durch die Luft.

„Fallt bitte nicht in unsere schönen Teetäßchen!" ruft Sabinli. „Ihr wollt doch kein Bad nehmen?"

„Schenkt uns bitte auch ein Täßchen ein, ihr dürft inzwischen schaukeln!" ruft Mutzli. Hurtig werden die Plätze gewechselt.

Siehe, schon will es Abend werden. Schnell heim ins Haus, solange die Sonne noch scheint!

Es schlägt vier Uhr.

Papa Teddybär ist von der Arbeit nach Hause gekommen. Er hat Feierabend. Nach dem Abendessen holt er sein Akkordeon hervor. Schrumm-schrumm-schrumm! Wundervoll kann er spielen. Duli-duli-duli! tönt die Geige dazu und bumm-bumm-bumm! die Trommel. Oh, wie ist das fein! So ein schönes Konzert! Reginli und Sabinli schwingen das Tanzbein.
Wie schade, Mama ruft: „Schluß jetzt, Kinder! Ihr sollt ja noch baden!"

Es schlägt sechs Uhr.

Eines nach dem andern steigen sie fröhlich in die Badewanne. Die Mutter striegelt die braunen Pelzchen. Mietze, lauf schnell, sonst wirst du getauft! Mach keine Dummheiten, Mutzli! So, nun aber rasch ins Bett mit euch!

Es schlägt sieben Uhr.

Gute Nacht, Mutzli und Butzli, Reginli und Sabinli! Und still wird's im Haus. Selig und süß schlafen die vier lieben Braunpelzchen in ihren sauberen Bettchen. Der Mond wacht am Himmel. Tick, tack, tick, tack, tönt es von der Wand.

Die Uhr schlägt acht,
der Tag ist zu Ende.

Gritlis und Sepplis Abenteuer

„Ein Brief aus Afrika", lacht der Briefträger. „Danke schön, lieber Mann! Wir wollen ihn gleich lesen!" Gritli ruft es hocherfreut, und schon reißt Seppli den Umschlag auf.

„Liebes Gritli und lieber Seppli", buchstabiert er, „kommt doch einmal zu uns auf Besuch. Wir haben euch schon so lange nicht mehr gesehen! Wir freuen uns!"

„Das lassen wir uns nicht zweimal sagen!" ruft Gritli und hüpft vor Vergnügen.

„Wir gehen wohl am besten gleich jetzt", meint Seppli und tut einen Freudensprung.

„Auf Wiedersehen, Vater, auf Wiedersehen, Mutter! Bald sind wir wieder zurück!" Uli, der alte Fischer, fährt die Reiselustigen mit seinem Schiffchen auf dem Fluß bis hinab zum Meer. Dort steigen sie in ein großes Schiff, das trägt sie ins weite Meer hinaus. „Hei, wie lustig! So gut Versteck spielen wie auf diesem Schiff, das können wir nirgends zu Hause!" jubeln die beiden. „Oh, und die großen Fische, die sich im blauen Wasser tummeln! Wie schön und vergnüglich unsere Fahrt nach Afrika ist!"

In Afrika steigen sie wieder an Land. Allein ihr Weg ist noch viel weiter, als sie sich's gedacht haben.

„Schau, ein Kamel!" ruft Gritli, „Sicher läßt es uns reiten! Es weiß alle Wege durch die Wüste!" Das brave Tier kniet in den Sand, und Gritli klettert auf seinen Buckel. Seppli aber nimmt es am Zügel und marschiert voran. „Ei, wie schön! Schöner als im schönsten Auto!" jauchzt Gritli. Seppli ist müde und setzt sich zu Gritli. Und weiter, immer weiter geht die Reise.

Immer weiter, bis sie an einen breiten Fluß kommen. „Hier müßt ihr absteigen, länger kann ich nicht mit euch kommen“, spricht das Kamel, „mein Meister erwartet mich heute zurück. Schlüpft nun aus euren Schuhen und watet durch das Wasser. Tief ist es nicht!“ Also ziehen die beiden die Schuhe und Strümpfe aus und steigen ins Wasser. Das Kamel aber wünscht ihnen eine gute Reise und macht sich auf den Rückweg.

O Schreck! Was sitzt denn dort drüben? Ein Krokodil! „Mein Gott!" schreit Gritli, „schau die fürchterlichen Zähne. Oh, schrecklich, es will uns fressen!" „Geh weg, geh weg, du böses Tier! Du darfst uns nicht fressen!" ruft Seppli und watet mutig weiter. Aber das Krokodil kommt näher und näher. Es sperrt sein riesiges Maul auf und schnappt hungrig nach den beiden Kindern. „Hilfe, Hilfe!" rufen sie, so laut sie nur können.

Im rechten Augenblick kommt ein großer Adler dahergeflogen. Seine starken Krallen packen Gritli und tragen es ans Ufer zurück. Dann holt der große Vogel auch noch den zitternden Seppli. Die beiden sind gerettet. Oh, wie froh sie sind! Aber wie nun doch noch über den Fluß kommen? Da ist guter Rat teuer.

Viele Tiere kommen herbei, und alle raten hin und her. „Wir holen Jumbo, den Elefanten“, schlägt Bimbo, ein kleines pfiffiges Äffchen, vor. „Er kann einen Baum über den Fluß legen, er ist stark wie ein Riese.“ Siehe, schon kommt der Elefant herangetrabt, und ohne Mühe baut er den beiden Reisenden aus einem einzigen Baum eine Brücke über das Wasser.

Viele Tiere erwarten sie voll Neugier drüben am anderen Ufer. Sie alle wollen ihnen weiterhelfen. Gritli wählt sich zum Reiten ein schönes gestreiftes Zebra aus, und Seppli macht es sich auf dem Buckel eines Straußenvogels bequem. „Hü, hü, Vogel Strauß! Wir wollen zur Tante!" ruft Seppli seinem flinken Reitvogel zu. „Hü, hü, Zebra! Nun schnell zum Onkel!" jubelt Gritli. Und der Strauß und das Zebra galoppieren um die Wette.

Als es zu dunkeln beginnt, verabschieden sich die beiden Kinder von ihren braven Freunden. Sie suchen sich ein gutes, sicheres Plätzchen aus, wo sie sich zur Ruhe legen können. Todmüde von der langen Reise schlafen sie sofort ein.

„Mein Gott, Seppli, hörst du? Ein schreckliches Heulen – und ganz in der Nähe!" stottert Gritli zitternd. Zwei Augen glühen im Dunkeln. Ein Tiger! Hinter ihm zwei Tigerkinder. „Bitte, helft mir doch", stöhnt die Tigermutter, „seht doch, ich habe mir meine Pfote verletzt, das tut so weh!" Zum Glück hat Seppli zu Hause Schere und Verbandstoff nicht vergessen. Sorgfältig legt er der Patientin einen schönen Verband um die blutende Pfote. „Du guter kleiner Doktor", spricht Mama Tiger, „jetzt ist mir schon wieder viel besser. Vielen Dank!"

Gritli und Seppli legen sich wieder ins weiche Moos.
„Nein, ich weiß euch ein weicheres Plätzchen", spricht die Tigermama und führt die Kinder zu einer großen Höhle. „Da legt euch hinein", sagt sie, „habt keine Angst! Ich werde die ganze Nacht davor wachen. Weder die giftigen Schlangen noch andere Tiere des Urwaldes werden euch etwas zuleide tun. Schlaft jetzt gut und träumt süß!"
„Vielen Dank und gute Nacht!" gähnen die beiden Kinder, und schon sind sie wieder eingeschlummert. Die wilden Tiere heulen und knurren rings im Urwald, doch keines getraut sich in die Nähe. Sie alle fürchten sich vor der Tigerin.

Wie unsere Kinder am Morgen aufwachen und aus der Höhle treten, hei, was machen sie für große Augen! Drei Äffchen stehen bereit, die bringen ihnen ein feines Essen! „Mm, mm, Bananen zum Morgenessen, dazu Kokosnüsse!" schmunzelt Gritli. „Das laß ich mir gefallen." Und heißhungrig macht es sich mit seinem Brüderchen über die feinen Dinge her.
„Liebe Affen, könnt ihr uns gleich noch sagen, wo unsere Tante und unser Onkel wohnen?" fragt jetzt Seppli. „Gar nicht mehr weit von hier! In einer Stunde seid ihr dort. Wir werden euch den Weg zeigen." rufen die drei Affen im Chor.

„Willkommen in Afrika!" lacht Onkel August und eilt ihnen freudig entgegen. „Gottlob seid ihr da!" spricht die Tante. „Da, trinkt! Orangensaft! Ihr werdet ganz gehörig durstig sein! Was habe ich eine Angst um euch ausgestanden! Ist euch auch wirklich nichts passiert? Seid ihr immer gut gereist?"
„Danke, liebe Tante", antworten Seppli und Gritli wie aus einem Munde. „Es war eine wundervolle Reise!"

Tim und Tom auf dem Bauernhof

„Na, ihr zwei, wollt ihr den Gänsen das Futter bringen?" fragt Tante Paula die Zwillinge Tim und Tom.
„Gern", sagt Tim und streckt die Hände nach der Futterschüssel aus. Da stellt sich das Schwein in seinem Koben auf die Hinterbeine, als wollte es sagen: „Ich habe auch Hunger!"
„Dein Futter kommt gleich!" ruft Tom. Und schon laufen die Zwillinge davon.

Die Tante ruft ihnen noch nach: „Vorsicht! Vorsicht! Nicht so schnell, sonst zerbrecht ihr die Schüssel!“ Aber Tim und Tom hören es schon nicht mehr. Bald darauf kommen sie zur Wiese und treffen dort einen lieben kleinen Freund, das Rotkehlchen. „Piep-piep, beeilt euch!“ ruft es. „Die Gänse sind schon ganz außer sich vor Hunger und Sorge. Sie schlagen mit den Flügeln, schnattern und schimpfen. Ja, sie drohen sogar: Wenn sie heute kein Frühstück bekommen, wollen sie auch kein Ei legen!“

„Ach, herrje, herrjemine!“ jammern Tim und Tom. „Hoffentlich können wir ihnen das Futter noch rechtzeitig bringen. Es wäre ja schrecklich, wenn sie heute keine Eier legen würden!“ Bereits von weitem hören Tim und Tom das laute Schnattern der Gänse. „Wir kommen ja schon, wir kommen ja!“ rufen die Zwillinge. „Tante Paula hat euch einen leckeren Brei gekocht! Na, der wird euch schmecken!“

Das Rotkehlchen fliegt voraus, und bald sind Tim und Tom bei den Gänsen. Mit weit aufgerissenen Schnäbeln kommen sie ihnen entgegen. Oh, wie sie ihre langen Hälse recken! Eigentlich ja nach der Futterschüssel. Aber die Zwillinge glauben, die Gänse wollten sie für das verspätete Frühstück bestrafen.
Erschrocken lassen sie die Schüssel fallen und laufen davon, so schnell sie nur können. Dabei schreien sie entrüstet: „He, ihr Gänse, wollt ihr wohl artig sein! Wir haben uns so beeilt!"

Die Gänse antworten ihnen nicht. Gierig stürzen sie sich auf das Futter. Die älteste paßt auf, daß sich niemand vordrängt. Die größte aber rennt flügelschlagend hinter Tim und Tom her. Da nehmen die beiden schreiend Reißaus.

Tim und Tom laufen am Gemüsegarten vorbei, und zupfen sich beide eine frische Möhre. „Komm, wir setzen uns auf den Zaun und knabbern sie", schlägt Tim vor. Gesagt, getan. Und schon springt das Fohlen Hoppedei neugierig herbei, um sie zu begrüßen.

„Hallo, Hoppedei", sagt Tom. „Möchtest du eine Möhre?"

Und ob Hoppedei eine will! In Null-Komma-nichts ist die Möhre weg. „Danke! Wollt ihr beiden jetzt auf mir über die Wiese reiten?"

„Klar!" rufen die Zwillinge begeistert. Schon sitzen sie auf Hoppedeis Rücken.

Juchheißa! trabt das Fohlen mit den Zwillingen los – geradewegs zum Futtertrog der Schweine. Oje, wie die Kleinen erschrecken! Ihre Mutter aber weiß, daß Hoppedei nur Spaß gemacht hat. Knecht Jochen auch. Und der führt das übermütige Fohlen zum Stall zurück.

Unterwegs
trennen sich Tim und
Tom von Hoppedei und Knecht
Jochen und wandern allein weiter,
immer begleitet von dem Rotkehlchen.

Sie kommen zu einer saftig grünen Wiese mit Obstbäumen. „Sieh nur die schönen roten Äpfel!" sagt Tim. „Die schmecken bestimmt lecker!"
„Ja, aber sie hängen sehr hoch", gibt Tom zu bedenken. „Und eine Leiter gibt es nicht! Wie sollen wir also dran kommen?"
„Ganz einfach", erwidert Tim. „Steig auf meinen Rücken!"
Hopp! Schon steht Tom auf dem Rücken des Bruders und streckt die Hand nach einem Apfel aus. Da nähert sich ihnen Onkel Toni mit zwei Milcheimern.

Tom schaut nur auf den roten Apfel und bemerkt den Onkel nicht. Aber Tim. Er erschrickt und rennt weg.

„Hilfe! Hilfe!“ schreit Tom, der plötzlich mit den Füßen in der Luft baumelt. Ausgerechnet Onkel Toni kommt dem kleinen Apfeldieb zu Hilfe!

Er stellt die Eimer mit Milch ab und holt seinen Neffen vom Baum herunter. „Komm du auch her, Tim!" ruft der Onkel, und dann schimpft er: „Was fällt euch beiden ein, einfach meine Äpfel zu stehlen!"

Die Zwillinge würden sich vor Scham am liebsten in ein Mauseloch verkriechen. Oh, so ärgerlich haben sie Onkel Toni noch nie gesehen!
„Ich will es nie wieder tun!" schluchzt Tom und wischt sich mit der Hand die Tränen aus den Augen.
„Ich auch nicht", verspricht Tim.

Die beiden schauen dem Onkel in die Augen und lächeln zaghaft. Da kann er ihnen nicht länger böse sein. „Also gut, ihr kleinen Apfeldiebe, sprechen wir nicht mehr darüber. Und damit ihr seht, daß ich euch verziehen habe, schenke ich jedem von euch einen Apfel. Aber wenn ihr wieder einmal Appetit auf Äpfel habt, dann fragt mich vorher und stehlt sie nicht einfach von meinem Baum, verstanden?"

„Ja, Onkel Toni", sagen Tim und Tom wie aus einem Munde. Und dann lassen sie sich die Äpfel schmecken.

König Leo

War das eine Aufregung im Wald! An diesem Tag hatte König Leo Geburtstag.

Freilich wußten das alle Tiere. Aber diesmal gab es etwas ganz Besonderes: Reineke Fuchs kam nämlich des Weges und hatte eine dicke Rolle Plakate unter dem Arm. Bald danach stand an vielen Bäumen zu lesen: „König Leo lädt alle Tiere zu einer großen Geburtstagsfeier ein!"

War das nicht wundervoll? JEDER war eingeladen! Von nah und fern kamen die Tiere, um die Plakate zu lesen. Und so unglaublich es klingen mag: Vor lauter Freude über die Geburtstagsfeier vergaßen sie sogar ihre Feindschaften untereinander.
Samuel Stachelschwein vergaß, seine Stacheln zu spreizen. Reineke Fuchs war so sehr mit seinen Plakaten

beschäftigt, daß er gar nicht auf Renate, das Reh, achtete. Renate ihrerseits hatte alle Scheu verloren und unterhielt sich angeregt mit den Wildschweinen. Die Eichhörnchen, die Häschen und die Vögel — alle sprachen glücklich über König Leos Geburtstagsfeier.

„An seinem Geburtstag", erzählte der Igel, „ißt der König immer eine ganze Buttercreme-Torte zum Frühstück. Und auf einem kleinen goldenen Tisch neben seinem Bett steht dann ein Glas mit Limonade."
„Ja", sagte ein Häschen. „Er ißt Buttercreme-Torte so gern, daß er erst danach seine Geschenke auspackt!" Und so war es wirklich. König Leo war ein arges Schlekkermaul! Was für einen Rummel gab es an seinem Geburtstag immer in der königlichen Küche! Und diesmal war wegen der Feier der Trubel noch größer.

Ein dickes rosa Schwein war der Chef-Koch. Er trug eine weiße Kochmütze und rührte in einem großen Topf mit Schokoladensoße. Dazwischen sagte er den anderen Tieren, was sie zu tun hatten.

O weh, ging es heute in der Küche zu! Kaninchen rannten mit Tellern umher, auf die riesige Waffelberge getürmt waren. Bärenkinder polierten Gabeln und Löffel. Auf dem Küchenherd standen mindestens zehn Töpfe mit Suppen, Nachspeisen und anderen leckeren Süßigkeiten. Die Eichhörnchen buken extrazarte Eierkuchen und Obsttorten. Und unten im Keller bereiteten ein Fuchs und ein Stachelschwein einen besonders guten Saft aus Erdbeeren, Äpfeln und Melonensaft zu. Er war so lecker, daß beide zwischendurch immer wieder heimlich naschten.

Im Wald machten sich inzwischen die Tiere schön für die Geburtstagsfeier des Königs. Die Vögel, Hühner und Gänse ordneten ihre Federn. Das Fohlen polierte seine Hufe, bis sie blitzten, und die Schäflein und Ferkel ließen sich von ihren Müttern sauber

waschen. Endlich waren alle fertig. Munter und erwartungsvoll liefen sie hinunter zu der Waldstation und stiegen in die bunten Eisenbahnwagen. Reineke Fuchs hob die Signalscheibe und blies zur Abfahrt. Dann sprang er auf die Lokomotive und brachte sie in Fahrt. Er war nämlich Schaffner und Lokomotivführer. Laut schnaufend puffte das Bähnchen davon. Es ging über Berge und durch Täler, über Flüsse und durch Wiesen, bis sie schließlich zum Königswald kamen.

Der Zug hielt an, und alle stiegen aus. Aber mit was für einem Lärm! Da verstand man ja sein eigenes Wort nicht mehr! Die Gänse schnatterten, die Lämmer blökten, die Schweine grunzten, und die Hennen gackerten laut.

Endlich waren alle ausgestiegen und machten sich auf den Weg durch den Wald. Sie kamen dabei unter einem großen Spruchband hindurch, auf dem „Hoch lebe König Leo!“ stand. „Ja, hoch soll er leben!“ riefen da einige Tiere begeistert. Lachend und scherzend verfolgte der Zug seinen Weg.

Für gute Stimmung sorgte eine Kapelle, die von Samuel Stachelschwein angeführt wurde. Er blies die Trompete, und zwei Häschen schlugen die Trommeln. Sie konnten zwar nicht einmal den Takt halten und spielten mehr laut als schön — aber niemanden störte das. Schließlich kamen sie zu einer Lichtung. „Oh!" machten alle und blieben bewundernd stehen. Denn da saß König Leo auf einem wunderbaren, mit Samt ausgeschlagenen Thron. Auf dem Kopf trug er eine schwere, goldene Krone, die mit Edelsteinen besetzt war.

War das ein Gefunkel in der Sonne! Über der Brust hatte der König eine Schärpe. Daran war eine Brosche mit einem kostbaren Rubin.

Prächtig sah der König aus! Die Tiere zogen nun in einer langen Reihe an ihm vorbei. Sie machten eine tiefe Verbeugung vor ihm und wünschten dabei: „Alles Gute zum Geburtstag!" Zwei kleine Mäuse brachten dem König einen Blumenstrauß im Namen aller Tiere. Und dann begann ein herrliches Konzert. Die Lerchen und Nachtigallen sangen so wunderbar, daß sich der König

gerührt eine Träne aus dem Auge wischte. Die Häschen und Eichhörnchen führten einen Tanz vor, und die Hühner sagten ein Gedicht auf. Aber vor lauter Aufregung gerieten sie zum Schluß so durcheinander, daß sie das Gedicht rückwärts hergackerten. Alle mußten lachen — am lautesten der König. Danach begann die versprochene Geburtstagsfeier.

Kuchen, Pfannkuchen, Waffeln, Früchte und Kompott — alles wurde restlos verspeist. Dazu gab es die gute Limonade aus Erdbeeren, Äpfeln und Melonensaft. Sie wurde bis zum letzten Tropfen ausgetrunken.

Schildkröten und Mäuse bekamen einen Teller ganz für sich allein.
Nach dem Essen wurde getanzt. Aber — du liebe Zeit! Die Tiere hatten so viel gegessen, daß sie sich kaum bewegen konnten. Sie tanzten trotzdem, bis König Leo müde wurde und allen eine gute Nacht wünschte.
Endlich wurde es im königlichen Wald wieder ruhig.

Die Tiere und Vögel kehrten nach Hause zurück und legten sich schlafen. Sicher haben sie von der wunderbaren Geburtstagsfeier geträumt.
König Leo schlüpfte in sein königliches Bett und nahm seine Krone ab. Glücklich seufzend legte er sich hin. „Was für ein schöner Geburtstag war das!" sagte er und schlief bald darauf tief und fest.

Das verlorene Entlein

Eines Tages sagte Mutter Ente zu ihren Küken: „Hört zu, Kinder, ihr seid jetzt groß genug, um mit mir den Fluß hinunterzuschwimmen. Bleibt alle dicht hinter mir, und verlaßt auf keinen Fall das Wasser! Wer weiß, was euch sonst alles passieren kann!"

Ganz aufgeregt waren die Küken, als sie hinter ihrer stolzen Mutter her schwammen! Doch ein Entlein wollte wissen, was am Ufer war. Es vergaß, was die Mutter gesagt hatte, und verließ das Wasser.

Das Entlein kam zu einer Wiese mit zehn riesigen Tieren. Sie hatten große Augen und spitze Hörner. O weh, da bekam es das Entlein aber mit der Angst zu tun! Es wußte ja nicht, daß dies nur harmlose Kühe waren. Sie schienen das Entlein auch gar nicht zu beachten.

„Puh, ist mir heiß!" dachte es. Plötzlich entdeckte es den Wassertrog. „Ein hübsches Schwimmbecken! Ich will ein wenig darin baden." Gleich darauf planschte es munter im Trinkwasser der Kühe. Doch wie erschrak es, als dicht neben ihm ein lautes „Muh!" ertönte! Das Entlein flatterte entsetzt aus dem Trog und rannte davon, so schnell es seine kleinen Beine trugen.

In seiner Angst lief das Entlein in die falsche Richtung. Es kam nicht zum Fluß, sondern stand plötzlich in einem Garten. Dort entdeckte es zwei Tiere mit weichem Fell und großen Augen. Die Kaninchen saßen hinter einem Drahtzaun und knabberten an Möhren.
„Hallo, Entlein!" rief eines. „Was tust du hier?" — „Ach, bitte, bitte, helft mir!" piepste das Entlein. „Ich kann den Fluß nicht mehr finden! Gerade bin ich mit knapper Not noch den schrecklichen Tieren auf der Wiese entkommen."
„Das sind Kühe, die tun dir nichts. Aber wo der Fluß ist, kann ich dir leider nicht sagen. Geh mal rüber und frag die Schweine!"

Das Entlein fand die Schweine schnell und setzte sich hoch oben auf den Zaun des Kobens, um sie besser zu sehen. Wie drollig sie mit ihren kleinen Augen und dem Ringelschwanz aussahen!
„Könnt ihr mir vielleicht sagen, wo der Fluß ist?“ fragte das Entlein. Da rüttelte ein Schwein so fest am Zaun, daß das Entlein in den Koben hinunterfiel.

Du liebe Zeit, wie schmutzig das Entlein nun war! Es erholte sich bald von seinem Schreck, rappelte sich auf und flatterte aus dem Koben. Auf der anderen Seite des Hofes begegnete es dem Hahn und vier Küken. „Bist du aber schmutzig!" rief der Hahn. „Eigentlich müßtest du doch genauso gelb wie meine Küken sein." — „Ich weiß", jammerte das Entlein. „Aber die Schweine haben mich in den Schmutz geworfen." — „Was sind das doch für ungezogene Tiere! Stell dich am besten unter den Wasserhahn und spül dir den Schmutz runter."

Das tat das Entlein, und es war überglücklich, als es endlich wieder sauber war.

Das Entlein war von all den Abenteuern schrecklich müde geworden und suchte sich darum einen Platz zum Schlafen. „Der Heuhaufen dort im Hof wäre genau richtig!" dachte es. Gerade war es beim Einschlafen, da lud ein Landarbeiter eine Ladung Heu ins Heugebläse — mitsamt dem Entlein! Hui! sauste es durch einen dunklen Tunnel. Es landete auf einem großen Heuhaufen oben in der Scheune.

Die Magd lachte hell auf, als sie das Entlein sah. Doch der Bauer riß nur erstaunt die Augen auf. Wer rechnet schon damit, daß ein Entlein aus dem Heugebläse kommt! Die große Katze stürzte sofort herbei. Da piepste das Entlein vor Schreck und flatterte schnell auf einen Balken. Aber auch dort war es noch nicht sicher, denn die Katze kletterte ihm nach. In Todesangst schloß das Entlein die Augen und sprang...

Das Entlein fiel tiefer und immer tiefer. Endlich landete es — plumps! — in einem Korb mit Vesperbroten. Sie waren für die Arbeiter, die auf der Wiese Heu machten. Der harte Aufprall nahm dem Entlein den Atem. Bevor es überhaupt verstand, wo es war, fuhr der leere Heuwagen auch schon zum Hoftor hinaus. Hecken und Bäume zogen an dem Entlein vorbei. Ja, und dann entdeckte es sogar den Fluß. Wie er in der Sonne glitzerte! „Ach, hätte ich doch auf meine Mutter gehört!" seufzte das Entlein.

Traurig kroch es unter das Tuch, das über den Picknickkorb gebreitet war. Und es dauerte nicht lange, da war es von dem Schaukeln des Wagens eingeschlafen. Es merkte nicht einmal, wie sie bei der Wiese ankamen.

Erst als sich die Arbeiter zuriefen: „Es ist Zeit zum Vespern!", schreckte das Entlein hoch. Zunächst wußte es gar nicht, wo es eigentlich war. Wo waren all seine Geschwister? Aber dann fiel ihm die ganze Geschichte wieder ein. Es richtete sich auf und rieb sich die Augen.
Plötzlich merkte es, daß der Korb in die Höhe gehoben und dann auf die Erde abgestellt wurde. Was würde jetzt geschehen?
„Ach, wäre doch meine Mutter hier!" dachte das Entlein bang, und sein kleines Herz pochte laut.

Das Tuch wurde hochgehoben, und — hopp! — sprang das Entlein auf den Rand des Korbes. Die Magd schlug die Hände über dem Kopf zusammen, und die Landarbeiter sahen es verwundert an. „Du liebe Zeit!" rief einer der Männer. „Wie kommt denn das arme Kleine in den Picknickkorb? Es müßte doch mit seiner Mutter im Fluß schwimmen!" Das Entlein piepste zustimmend.

Die Magd rief die Kinder des Bauern herbei. „Oh, wie niedlich!" riefen sie, als sie das Entlein sahen. „Wir haben uns schon gewundert, wo wohl das siebte Küken der Entenmutter ist. Na, die wird froh sein, wenn sie ihr Entlein wiederhat!" Paul holte schnell seine Schubkarre. Susi setzte sich hinein und hielt das Entlein vorsichtig auf dem Arm. Dann schob Paul seine Schubkarre über die Wiese zum Fluß — dorthin, wo er das „Quakquakquak" von Mutter Ente hörte.

Am nächsten Tag ging das Zugpferd Brauni zum Fluß, um zu trinken. Brauni kannte die Geschichte von dem Entlein im Heugebläse und im Picknickkorb. Wie freute er sich, den kleinen Ausreißer dicht neben seiner Mutter schwimmen zu sehen! Mutter Ente wollte ihr Kind nicht noch einmal verlieren. Und das Entlein? Das hatte vorerst genug von Abenteuern!

Abenteuer im Wald

Es war einmal ein kleines Mädchen, das Anna hieß. Anna wohnte weit weg von hier in einem fernen, fremden Land.
In ihrer Stadt waren alle Häuser und auch die Stadtmauer schneeweiß. Wenn man durch das Stadttor hinaustrat, begann gleich dahinter der unendlich große Wald. Wie gern hätte Anna dort gespielt. Aber ihre Mutter hatte es verboten. „Das ist zu gefährlich", hatte sie erklärt. „In dem Wald gibt es Löwen und Tiger. Sie könnten dir etwas zuleide tun!"
Doch eines Tages bekam die Mutter Besuch, und Anna schlich heimlich davon.

Schon bald erreichte Anna den großen Wald. Herrlich bunte Vögel mit schillernden Federn flatterten um sie herum, als wollten sie sagen:
„Endlich bist du zu uns in den Wald gekommen! Wir warten ja schon so lange auf dich!"

Anna lachte froh. Wie schön war es im Wald! Sie war noch nicht weit gegangen, da lief ihr ein seltsames Tier über den Weg. Es war eine Riesenschildkröte.
„Ich bin Mathilde, die älteste Schildkröte hier im Wald.

Und wer bist du?" Anna sagte es ihr. Da schüttelte Mathilde den Kopf. „Heimlich von zu Hause fortlaufen tut man nicht!" schimpfte sie.

Dann ging sie langsam weiter. Ein wenig nachdenklich blieb Anna zurück. Ob die Schildkröte wohl recht hatte? Plötzlich hörte Anna lautes Gekreische. Eine ganze Horde Affen turnte im Baum herum. „Spiel mit uns!“ riefen sie und kamen, um Anna zu begrüßen.

Auf einmal aber flüchteten die Affen laut kreischend in die höchsten Äste des Baumes. Anna schaute ihnen verwundert nach. Was war denn nun los?

Eine große Tigerin trat fauchend aus dem Dickicht und ging genau auf das Mädchen zu. Da entdeckte Anna das Tigerkind. „Oh, wie niedlich!" rief sie und lief ihm entgegen.

Das Kleine schmiegte sich ängstlich ganz dicht an seine Mutter. Die Tigerin betrachtete Anna.

„Hab keine Angst", sagte sie dann. „Ich bin sicher, das kleine Mächen tut dir nichts. Du darfst mit ihm spielen, wenn du möchtest."

Ja, da hättet ihr die beiden einmal spielen sehen sollen!

Sie hüpften, liefen um die Wette, kullerten im Gras herum und hatten großen Spaß. Anna spielte mit dem Tigerkind so, wie ihr bei euch zu Hause mit eurer kleinen Katze spielt. Schließlich waren die beiden Freunde müde. Sie streckten sich im Schatten einer Palme aus und schliefen bald tief und fest. Die Tigermutter lag neben ihnen und paßte auf.

Auf einmal spitzte sie die Ohren. Dann weckte sie ihr Kind: „Komm schnell mit mir. Ich höre ein merkwürdiges Geräusch. Es hört sich gefährlich an."

Als Anna schließlich aufwachte, lag neben ihr kein Tigerkind mehr. Nein, da stand ein Löwe mit großer Mähne.

Könnt ihr euch wohl vorstellen, wie das kleine Mädchen erschrocken ist?

Außer sich vor Angst sprang Anna auf und rannte davon, so schnell sie nur konnte. „Aber ich tue dir doch nichts!" rief der Löwe hinterher.

Anna lief und lief, bis ihre kleinen Beine nicht mehr konnten. Da setzte sie sich auf die Erde und weinte. „Huhu, wäre ich doch zu Hause!"

„Soll ich dir helfen, Anna?" krächzte eine Stimme über ihr. Es war ein großer Papagei mit bunten Federn.

„Oh, Polli, du!" rief Anna glücklich. „Bin ich froh, dich zu sehen!" Sie hatte den Papagei sofort erkannt. Er war mit einem gebrochenen Fuß zu ihrem Vater, einem Arzt, gebracht worden, und Anna hatte geholfen, Polli gesund zu pflegen. „Warte hier, ich hole meinen Freund Langrüssel. Er wird dich nach Hause bringen.

Ach, Anna, wie dumm bist du doch gewesen! Einfach von zu Hause wegzulaufen! Deine Mutter und dein Vater machen sich solche Sorgen!" Nun flog der bunte Vogel weg. Und es dauerte nicht lange, da kehrte Polli mit dem Elefanten Langrüssel zurück.
„Juhu! Ich darf auf einem Elefanten reiten!" freute sich Anna.
Langrüssel war ebenso freundlich zu ihr wie die anderen Tiere des Waldes. „Guten Tag, Anna", begrüßte er sie. „Komm, ich hebe dich mit dem Rüssel auf meinen Rücken! Hoppla!"
„Und ich fliege voran und zeige den Weg", krächzte Polli.
Bereits nach kurzer Zeit erkannte Anna die weiße Stadtmauer und auch die weißen Häuser ihrer Stadt. „Oh, da wohnen wir!" rief sie glücklich.

Langrüssel lief sofort ein wenig schneller. „Mutti, Mutti! Ach, bin ich froh, wieder bei dir zu sein!" rief Anna. Langrüssel packte sie mit dem Rüssel und gab sie der Mutter in die Arme. „Mutti, ich habe so viele Tiere getroffen: Affen und ein Tigerkind!" Und dann begann sie zu erzählen, was ihr ja schon mit der kleinen Anna im Wald erlebt habt.

Zwei lustige Katzenkinder

Die Sonne war noch nicht aufgegangen, und die beiden Katzenkinder Schnurr und Mauzi schliefen süß und friedlich unter ihrer kunterbunten Decke.

„Kikeriki!" krähte draußen der Hahn. Und „Aufstehen, ihr zwei! Der Tag hat begonnen." rief die Mutter ins Kinderzimmer.

Bevor ihr nur bis drei zählen könnt, sprangen Mauzi und Schnurr aus dem Bett.

Und schon ging es — hopp, hopp! — ins Badezimmer.

Zuerst wuschen sie sich mit eiskaltem Wasser. Brrr! Aber es machte sie ganz schnell hellwach. Schwapp! noch so ein Guß über Schnurrs Rücken und

dann flink in die Kleider und Schuhe.
Die Kätzlein hatten niedliche Stiefel. Die putzten sie blitzblank.

Mhh, wie dann das Frühstück schmeckte! Haferflocken, Eier, Milch und Obst, da mußten die Kätzlein ja groß und stark werden!

„Schnurr und Mauzi, es ist Zeit für die Schule!" sagte die Mutter. Hopp! nahmen beide ihre Schultaschen, gaben Mutti noch einen Kuß und machten sich auf den Schulweg. Ein Vöglein begleitete sie dabei. „Tirili, tirili", sang es, „ich würde auch gern zur Schule gehen!" Unterwegs trafen Schnurr und Mauzi viele andere Kätzlein. Und dann sahen sie Lehrer Plüsch die Schulglocke läuten. Hui, wie da die Kätzlein rannten, um nicht zu spät zu kommen!

Im Klassenzimmer setzte sich jedes Katzenkind an seinen Platz, und der Unterricht begann. Erst wurde geschrieben. Oh, das fiel Schnurr schwer! Dann kam Lesen. „Gut gemacht, Mauzi“, lobte Lehrer Plüsch. Dafür war Schnurr im Rechnen der Beste. Niemand konnte ihm da etwas vormachen! Heute wurde der kleine Tatzel an die Tafel gerufen und durfte ein paar Aufgaben vorrechnen. „Zum Schluß singen wir das Katzenlied“, sagte Lehrer Plüsch, „dann dürft ihr nach Hause.“

Es war ein besonderer Tag. Mutti hatte Schnurr und Mauzi versprochen, mit ihnen am Nachmittag in die Stadt zu gehen! Oh, so ein Spaziergang durch Katzenstadt war etwas Feines! „Sieh, dort drüben steht Schlappohr mit seinem Wunderkarren!" rief Schnurr aufgeregt.

Es war wirklich wunderbar, was Schlappohr alles zu verkaufen hatte: bunte Töpfe, Ketten, Windrädchen und sogar Luftballons. „Dürfen wir einen Ballon haben?" bettelten Schnurr und Mauzi. Mutti gab ihnen Geld. Und dann kauften sie sich einen gelben und einen roten Ballon. Doch ach, Mauzi hielt die Schnur nicht fest, und hui! flog ihr Ballon davon.

„Huhu, mein Ballon! Mein schöner Ballon!" weinte Mauzi, und dicke Tränen kullerten ihr die Wangen hinunter. Doch der Ballon blieb in einem Baum hängen. „Was sollen wir tun? Ich kann nicht so hoch hinauf klettern!" jammerte Mauzi. Eine Krähe oben im Baum hörte das und beschloß, dem Kätzlein zu helfen. Sie flog zu dem Ballon hinunter und löste mit dem Schnabel die Schnur vom Ast.

Vorsichtig brachte sie dann Mauzi den Luftballon. „Vielen Dank, liebe Krähe!" jubelte Mauzi.

Glücklich zogen die Katzenkinder weiter. „Ob Mutti inzwischen schon etwas Gutes für uns gekocht hat?" fragte Mauzi. Denn sie war ein rechtes Schleckermaul. „Ei, da kommt ihr ja!" rief die Mutti. „Ihr habt wohl gerochen, daß es Eierpfannkuchen mit Rosinen gibt!"

„Hurra!“ rief Schnurr.
„Hier“, sagte die Mutter, „der Pfannkuchen ist mir zerbrochen. Den dürft ihr schon mal kosten.“
Danach machten sich die beiden Kätzlein über den Berg Pfannkuchen mit Himbeergelee her. Mhh!
Als sie satt waren, fragte Schnurr:

„Mutti, liest du uns jetzt noch eine Geschichte vor?“

„Gewiß doch“, sagte die Mutter und machte es sich im Lehnstuhl bequem. Schnurr holte ein Märchenbuch aus dem Regal, und dann setzten sich die Katzenkinder auf den Fußboden und lauschten gespannt.
Ach, das war die schönste Stunde des Tages! Aber auch die ging zu Ende. Kurz vor sieben sagte die Mutter: „Zeit fürs Bett, Kinder.“

Nun putzten sich die Katzenkinder noch die Zähne und wuschen Gesicht und Pfoten. Dann zog Mauzi ihr Rosen-Nachthemd und Schnurr seinen gestreiften Schlafanzug an. Als die alte Kuckucksuhr siebenmal „kuckuck“ rief, gingen die Kätzlein Hand in Hand ins Bett. Mauzis Katerpuppe durfte auch mit.

„Schlaft gut, ihr beiden", sagte die Mutter. Sie deckte die Kätzlein mit der kunterbunten Decke zu und gab jedem einen Kuß.
„Gute Nacht, Mutti", sagten Mauzi und Schnurr. Auf leisen Sohlen ging die Mutter aus dem Kinderzimmer. Und es dauerte gar nicht lange, da schliefen die Kätzlein tief und fest.

Der kluge kleine Elefant

„Der Zirkus kommt, der Zirkus kommt!“ rufen die Kinder voll Freude. Bimbo, der Clown, klebt die Plakate an die Säulen und schreit aus vollem Hals: „Kommt und seht Cora! Cora, der berühmteste Elefant der Welt! Cora kann radfahren, kann mit dem Rüssel einen Schirm halten, kann mit drei Trommeln und Pfannendeckeln Musik machen, kurz, Cora kann alles! Cora ist nicht umsonst der große Liebling des Publikums!“

Die Vorstellung beginnt. Peitschen knallen, ein Pferd jagt im Kreis herum. Ein Reiter schwingt sich auf seinen Rücken, jetzt eine Reiterin auf die Schultern des Reiters.
Und hoch oben läßt sie ein Lasso durch die Luft kreisen. Wirklich großartig, alles ist begeistert, tausend Hände klatschen Beifall.

Zweite Nummer. Ein Seelöwe gibt seine Künste zum besten. Läßt sich einen riesigen Wasserball auf der Nase herumtanzen. Drei drollige Bärlein sind auch mitgekommen, laufen auf Stelzen und führen ein Äffchen in einem Kinderwagen spazieren. Alles lacht und klatscht in die Hände.

Aber nun kommt der große Augenblick des Abends. Alles hat ihn mit Spannung erwartet. Cora tritt auf. Cora, die berühmteste Künstlerin unter allen Zirkuselefanten. Tosender Beifall begleitet ihre unübertrefflichen Kunststücke.

Oh, und niemand bemerkt dabei ihr kleines Elefantenkind, das heimlich auch mit dabei ist! Dort, durch den unscheinbaren Riß im Zelttuch guckt es herein. Schaut seiner berühmten Mama mit glänzenden Äuglein zu. Ach, Corina, das kleine Elefäntlein, möchte so gerne auch mitspielen. Aber Mama sagt: „Du bist noch zu klein, und kleine Kinder gehören abends ins Bett." Aber Corina mag nicht ins Bett, wenn Mama spielt. Es guckt und guckt — und guckt seiner Mama bis zuletzt jede Bewegung, all ihre Kunststücke ab.

Und der alte Peter ist Corinas heimlicher Freund. Peter muß die Tiere füttern, und wenn er seine Arbeit getan hat, setzt er sich zu Corina und läßt sich die Kunststücke vormachen, die der kleine Tausendsassa seiner Mutter abgeguckt hat. Aber Mama Cora darf davon nichts wissen. O nein, sie könnte sonst böse werden!

Mein Gott, was ist heute mit Mama Cora los? Sie kann nicht mehr stehen, hustet, hat Bauchweh und Kopfweh. Der Doktor schüttelt bedenklich den Kopf.

Dann spricht er: „Herr Zirkusdirektor, Cora darf heute auf keinen Fall auftreten, nein, niemals!"
„Unmöglich, Herr Doktor, ganz ausgeschlossen!" jammert der Direktor. „Was glauben Sie eigentlich? Die Leute wollen nun einmal Cora, ihren großen Liebling, sehen!"
„So schließen Sie Ihren Zirkus für einige Zeit! Cora kann und darf nicht spielen. Sie braucht jetzt vor allem Ruhe und Bettwärme."

„Oh, oh", jammert der unglückliche Direktor, „mein Zirkus ist futsch! Ohne Cora bin ich verloren. Oh, ich bin ruiniert!" Stöhnend läßt er sich auf dem Steiglein am Löwenkäfig nieder.
„Hörst du's nicht?" knurrt der Löwe. „Schon hat sich dein Zirkus wie alle Abende bis auf den letzten Platz gefüllt. Was wirst du jetzt machen, armer Mann?"

Tieftraurig, mit gesenktem Kopf betritt der Direktor die Arena. „Meine Damen und Herren", wendet er sich an das Publikum. Aber man läßt ihn nicht reden, man weiß schon alles. „Her mit Cora, unserm Liebling!" schreit es von allen Seiten. „Bring uns Cora oder gib uns das Geld zurück!"
Aber was ist das? Auf einmal verstummt das wilde Toben. „Bravo, bravo!" tönt es von den Bänken herab. Der Direktor wendet sich um — und traut seinen Augen nicht.

„Corina – du?" stammelt der gute Mann. „Träum' ich oder wach' ich?" Nein, er träumt nicht. Corina kommt in die Arena geschritten, schwenkt eine Fahne im Rüssel, verneigt sich genau wie ihre Mutter nach allen Seiten und gibt darauf auch die gleichen Kunststücke zum besten, eines nach dem anderen. Selbst vor dem schwersten, so klein auch Corina ist, schreckt sie nicht zurück. Zieht mit dem Rüssel das Seil des Rammbocks hoch und läßt den riesigen Hammer niedersausen. Nach wenigen Schlägen ist der mächtige Baumstamm im Boden verschwunden.

Endloser Beifall tobt durch das Zelt. Die Musik spielt einen rassigen Marsch. Corina tanzt im Takt dazu, verneigt sich abermals wie eine vornehme Dame nach allen Seiten und zieht sich darauf zurück. Doch nein, sie darf noch nicht abtreten! „Bitte, bitte, noch einmal!" schreit das Publikum begeistert.
Als Peter, ihr heimlicher Freund, zum Schluß die große Trommel schlägt und seine gelehrige Schülerin mit dem Rüssel die Drehorgel dreht, da brüllt das Publikum vor Lachen. Das Händeklatschen und Bravorufen will kein Ende nehmen. Corina hat alle Herzen erobert.

Das Spiel ist aus. Der Direktor strahlt und weiß sich vor Freude nicht zu fassen. Noch nie hat sein Zirkus einen solchen Tag erlebt. Corina, seine jüngste Künstlerin, ist stolz auf ihren großen Erfolg. Hochbeglückt eilt sie zu ihrer kranken Mutter und wird gar nicht fertig mit erzählen. Cora aber wischt sich eine große Freudenträne ab und spricht: „Bald bin ich wieder gesund, dann treten wir beide zusammen auf, und auf den Plakaten wird es heißen: Cora und Corina — die klügsten und geschicktesten Elefanten der Welt."